AF611608

LE

VADE MECUM

DE LA

POLITIQUE FRANÇAISE

PAR

LE DOCTEUR BODICHON

PRIX DE LA BROCHURE : 0,75 CENTIMES

ALGER
TYPOGRAPHIE ET LITHOGRAPHIE A. BOUYER
23 RUE BAB-AZOUN, 23

1883

LE

VADE MECUM

DE LA

POLITIQUE FRANÇAISE

PAR

LE DOCTEUR BODICHON

PRIX DE LA BROCHURE : 0,75 CENTIMES

ALGER
TYPOGRAPHIE ET LITHOGRAPHIE A. BOUYER
23 RUE BAB-AZOUN, 23

1883

HYGIÈNE MORALE

Le climat et la race font l'homme.

Partout, le genre humain offre à l'observateur un type spécial déterminé par les lieux.

L'Européen est sympathique, sociable, généralisateur, allant creusant sans cesse de nouvelles questions.

L'Asiatique est anti-social, organisant des castes séparées stationnaire, religieux, crédule, se plaisant dans les idéalités métaphysiques.

L'Africain est hostile, violent, obéissant à l'instinct plus qu'à l'esprit.

Le caractère typique du premier est produit par la combinaison des températures froide et tempérée.

Celui du deuxième par la combinaison des températures humide et chaude.

Celui du troisième par la combinaison des températures sèche et élevée.

En hygiène morale, il importe donc de rechercher l'influence du climat sur l'homme, afin de connaître les penchants des populations.

PRINCIPE DE MAL.— *L'Afrique enfante et maintient une foule d'aventuriers qui veulent vivre à l'aide du pillage et de la guerre.*

La facilité avec laquelle Carthage et les autres peuples étrangers recrutaient leurs armées parmi les Africains; la facilité avec laquelle se sont élevés des chefs de brigands lorsqu'ils ont promis et permis le pillage et l'impunité de tous les crimes ; la succession de tant de dynasties surgissant et se détruisant par les armes, établissent l'opinion ci-dessus en vérité historique.

Non-seulement l'Algérie, mais toute l'Afrique septentrionale, produisent de nos jours, ainsi qu'autrefois, une multitude de pillards, véritables pirates de la terre.

Sur le littoral méditerranéen, sur le Tell, le Sahara, les rives du Niger, de la Gambie, du Sénégal et du lac Tchad, de l'est à l'ouest et du nord au sud, de tous côtés, sur une immense surface, on voit les Africains, après les recoltes, se mettre en révolte, en agression, s'adonner au pillage les armes à la main.

Le climat et la contexture territoriales déterminent ce goût du pillage.

La récolte des céréales est terminée au mois de juin. Que faire pendant les trois mois suivants? La distraction est dans la guerre. Elle offre de plus la ressource du pillage.

La nature sablonneuse ou pierreuse du Désert force les tribus de se rapprocher du Tell pour s'approvisionner de blé et échanger leurs produits. Or, ces longues migrations périodiques enlèvent le respect de la propriété d'autrui et impriment les habitudes du pillage.

Celui revient périodiquement, de même que les migrations des animaux voyageurs,

Pour remédier à ce mal, rendez la guerre extrêmement redoutables ; quelle soit entre vos mains un fléau de Dieu.

Ainsi, châtiez les nomades par l'enlèvement de leurs troupeaux:

Les habitants du Tell, par la destruction de leurs arbres fruitiers;

Les habitants des Ksours, par la destruction de leurs puits, sources et fontaines.

Une hostilité permanente, qui, régulièrement, se manifeste par le pillage et le meurtre, est un crime de lèse-humanité. Il est d'autant plus grand, qu'il constitue l'état normal, qu'il est admis dans les mœurs des populations. Cela arrête le progrès. C'est pourquoi, au nom du progrès, il faut y rapporter reméde.

Or, le glaive tiré contre les personnes et contre les sources de l'alimentation, est le moyen le plus sûr, le mieux approprié au caractère des Africains et aux nécessités locales ; l'histoire et la raison prouvent qu'envers eux, le châtiment et la terreur sont efficaces.

Soyez donc l'ange du châtiment de la guerre ; mais aussi, soyez l'ange de la bienfaisance dans la paix.

L'esprit des populations africaines est mobile. Elles sont livrées aux impulsions de l'instinct. or, en pareilles conditions, l'emploi méthodique des contrastes est ce qui les impressionne le plus vivement . Etudiez leurs sentiments intimes, vous reconnaîtrez qu'elles respectent dans la divinité, la puisssance du mal et la puissance du bien, et ne considèrent point ses autres attributs.

L'Afrique imprime ce goût d'aventures aux Européens.

Les villes de l'Algérie possèdent chacune nombre de vagabonds venus d'Europe. Alger, pour sa part en a toujours eu quelques vingtaines vivant de receis, de vols, de prostitution. L'hiver, ils couchent sous les grottes et autour des fours à chaux : l'été, là où ils se trouvent.

Poursuivez-les comme vagabonds. Construisez des pénitenciers où vous les soumettrez au travail forcé.

La mobilité du caractère est naturelle l'émigrant. Atténuez cette mobilité qui est une cause de désordre et d'anarchie morale.

Le gouvernement a tort de donner le passage gratuit à des vagabonds qui se plaisent à se rendre alternativement d'Alger à Oran, à Bône et *vice versâ*, puis d'Afrique en Europe.

Etablissez en principe, que tout individu transporté aux frais de l'Etat dans une province, devra y demeurer deux ou trois ans, à moins qu'il ne soit atteint d'une maladie authentiquement reconnue incurable, ou s'aggravant par le séjour sur les lieux.

La volonté inflexible sera plus utile à la transformation d'une terre barbare que la sensiblerie. Avisez donc à étouffer les mauvaises tendances ; car si vous les laissez libres, elles se développeront puissamment sur cette terre vierge. Empêchez vos colons de devenir des coureurs d'aventures, comme le furent les colons du Canada : car le résultat en Afrique serait le même qu'en Amérique ; la civilisation y perdrait. Respectez la liberté du plus simple citoyen ; mais cependant soyez inflexibles pour certaines mesures disciplinaires, que l'expérience, le raisonnement, les nécessités locales proclament utiles. Donnez-leur des terres, moralisez-les par la propriété du sol.

PRINCIPE DE MAL.— *Le climat excite l'appétit vénérien outre mesure, il fait naître cette passion prématurément. C'est pourquoi elle se pervertit et fréquemment se traduit par l'amour* inter masculos *et par l'amour* inter feminas.

Le culte publiquement rendu à Vénus dans les villes africaines, les reproches des auteurs latins, les écrits de Salvien entre autres, la répression du libertinage par les lois les plus sévères sous les Vandales, les mœurs et costumes des indigènes prouvent que toujours une démoralisation profonde fut inféodée à l'Afrique.

Depuis la conquête, cette influence démoralisatrice a saisi bien des Européens.

Vous rencontrez ici une multitude d'enfants des deux sexes fort avancés en libertinage pour leur âge. Quelques-uns montrent une perversité extraordinaire.

Appliquez à la débauche le maximum de la peine stipulée par le code.

Révoquez sans pitié les fonctionnaires quelconques qui commettront un acte d'immoralité non puni par nos lois.

Les calvinistes ou les méthodistes impriment à l'homme un caractère plus digne, plus libre, plus raisonnable que ne le font les catholiques. Les catholiques détruisent la liberté, au profit de l'autorité, d'où il résulte qu'ils sont mauvais colonisateurs.

Puritanisez les mœurs par tous les moyens en votre pouvoir.

Travaillez à abolir la polygamie ; car elle est pernicieuse. En effet, tantôt, attendu la satiété, tantôt attendu la privation qu'elle occasionne, elle engendre le vice contre nature.

Ne laissez pas demeurer sur les rues et les places les jeunes enfants de toutes nations. Les parents ne sont que trop portés à les abandonner sans la moindre instruction morale, ou bien encore à tirer parti de leur libertinage. Ces enfants, issus de gens généralement pervertis, adoptent des habitudes vicieuses et tiennent une école mutuelle d'immoralité.

Lorsqu'ils vous seront signalés, par mesure administrative, enlevez-les à leurs parents et confiez-les à d'autres mains.

Ouvrez, sur chaque localité un peu importante, des salles d'asile et des écoles publiques.

Une éducation sévère et puritaine est une nécessité absolue en Algérie ; car, ne l'oubliez pas, ce climat est un agent de corruption.

Les Européens, après un séjour de quelques mois en Europe, reviennent en Afrique meilleurs qu'ils n'en étaient partis. Ils sont alors plus bienveillants, raisonnables, moins personnels.

Cela prouve que le climat algérien exerce une influence détérioante sur les Européens. Est-ce par une espèce d'intoxication ? Est-ce par l'exaltation du système nerveux, laquelle affaiblit les facultés réflectives ? Il y a de l'une et de l'autre.

PRINCIPE DE MAL. — *Le climat porte à la fainéantise : il rend le travail physique pénible ; il provoque aussi la torpeur physique et morale.*

Ne laissez pas entrevoir aux fainéants un moyen d'existence.

Rendez le travail attrayant par l'emploi des récompenses et des honneurs.

Eloignez les moines, les chanteurs ambulants, les acrobates ; car leur exemple est funeste. Tenez au second rang les professions dites libérales.

Que le travailleur soit mis au-dessus de toute autre classe ; car c'est au travail matériel qui opérera l'amélioration physique et morale de la colonie.

La lutte contre un sol barbare est la première condition de toute prospérité matérielle et immatérielle. Examinez les peuples qui ont accompli les plus belles destinées : les anciens Egyptiens, les Athéniens, les Anglais, les Hollandais, les Anglo-Américains, les Prussiens du Brandebourg ; ce sont eux qui ont le mieux modifié la nature de leur territoire.

Le travail est le but de la vie.

La philosophie et la politique chrétiennes devraient réhabiliter le travail physique. Jésus-Christ, ce sublime révolutionnaire, ce divin politique, n'a pas voulu être musicien, statuaire, peintre, artiste à n'importe quel titre ; il s'est fait charpentier, afin d'indiquer que le travail physique, tant méprisé de l'ancien monde, était d'origine divine.

Que les gouvernants du corps et de l'âme réduisent en maximes l'exemple qu'il a offert.

PRINCIPE DE MAL. — *Le climat porte à la violence et à la férocité.*

Cette action climatérique existe chez les indigènes et chez les Européens ; on découvre chez eux une surexcitation du système nerveux, accroissement de la sensibilité au détriment de la raison. De là prédominance du *moi*, prédominance des facultés instinctives sur les facultés morales. Anti-sociabilité.

Le climat augmente le sentiment de la personnalité, imprime de la fougue aux passions et incite à y céder, d'autant plus qu'il y a ici diminution des facultés réflectives.

Or, afin de neutraliser ces dispositions, il faut des lois extrêmement rigoureuses.

Appliquez donc le code pénal dans toute sa rigueur. Puisque la réflexion manque, parlez à l'instinct. Or, la crainte de la loi est une voix à laquelle l'instinct est toujours sensible.

L'espèce des populations qui vivent en Afrique a besoin d'être astreinte à une législation criminelle des plus sévères.

Voici pourquoi, outre les motifs exposés ci-dessus :

Parmi les musulmans, il y a des malfaiteurs isolés et des associations de malfaiteurs qui, regardent le vol, l'assassinat, comme des œuvres licites.

« Dieu, disent-ils, nous a destinés à voler, à tuer pour vivre, » comme il a destinés d'autres à travailler pour vivre. Notre » mission est de subsister aux dépens d'autrui à la façon des » animaux de proie. La preuve que c'est là une volonté de Dieu, » c'est que nous volons, nous tuons, hommes ou femmes, juifs, » chrétiens, mahométans et que nous n'éprouvons jamais de » remords. »

J'ai plus d'une fois examiné ces malfaiteurs devant les tribunaux civils ou militaires et n'ai point vu qu'un vice d'organisation physique déterminât chez eux cette aberration de la conscience, cette absence du remords. A quoi les attribuer ? A cette tendance climatérique vers la violence et la férocité ; au développement de la personnalité, puis aussi au fatalisme des doctrines de l'islamisme. Ces gens n'obéissent point à une croyance religieuse comme le font les Thugs de l'Indoustan. Ils cèdent d'abord à leur violence et à leur férocité naturelles ; puis, en casuistes, ils expliquent leur conduite par la fatalité.

Tous les européo-algériens ne sont point des gens d'élite. Enfants perdus de la civilisation chrétienne, ils ont peu de penchants sociaux. L'Italie, l'Espagne, vomissent ici leurs galériens. La France y jette ses escrocs, ses ivrognes Une éducation morale ne leur a point appris à comprimer leurs passions. Ils s'y abandonnent à la première occasion.

Fréquemment on voit des Espagnols être brusquement saisie d'une pensée homicide. Ils sortent avec l'intention arrêtée de tuer quelqu'un. S'ils ne rencontrent pas une victime, qu'ils puissent provoquer d'abord, puis tuer, alors ils tuent, sans risque, de gaité de cœur, la première personne qui leur tombe sous la main.

Améliorez-vous ces indigènes et européens par des lois indulgentes ? Non, cent fois non. L'indulgence à leur égard, multiplie les criminels ; car elle amène l'imitation; car elle les laisse suivre la pente de leur caractère. Elle devient une calamité ?

Mais dans l'intérêt de la société, traitez ces hommes avec rigueur. Punissez-les de la peine capitale.

Le châtiment est toujours compris des êtres qui ont le sentiment de la force brutale.

Il faut des exemples multipliés d'intimidation aux gens qui veulent suivre les impulsions d'une volonté anti-sociale. La crainte de la mort calme les passions fougueuses. Physiologiquement elle refoule l'expansion de l'être. Elle ralentit la circulation, et diminue ou suspend l'émission nerveuse.

Donc, par des exemples aussi répétés qu'il sera nécessaire, faites en sorte que les hommes dont il est question songent à la peine capitale.

PRINCIPES DE MAL. — *Un grand nombre d'européens, par un séjour de quelques années, subissent un certain dérangement des facultés intellectuelles et morales. Ce dérangement est moins caractérisé par une diminution de ces facultés en énergie, que par une diminution en harmonie.*

Le vent du désert, toutes les fois qu'il souffle avec violence détermine une recrudescence de rixes, de meurtres, de suicides

Cela tient à ce qu'il accroît la sensibilité. Il rend irritable : alors il y a rupture d'équilibre entre la sensibilité et la réflexion. De là, pertubation des facultés morales ou intellectuelles.

L'action générale de ce vent sur les animaux et les végétaux, est : gêne de la respiration, et soustraction d'humidité,

Le désert pénètre plus dans la province d'Oran que dans celle d'Alger, et dans celle-ci plus que dans la province de Constantine. La masse des sables est plus considérable dans l'ouest de l'Algérie que dans l'est. C'est pourquoi l'histoire montre que la civilisation est plus difficile à s'implanter à mesure qu'on avance vers l'ouest.

Toutes autres conditions égales, les Européens de la province d'Oran présentent plus de signes de perturbations morales que les Européens qui vivent sur les autres provinces.

Le vent du désert est le plus redoutable ennemi de la civilisation européenne. Il apporte des sables qui nuiront toujours à l'industrie, la sécheresse, qui nuira à l'agriculture, et l'exaltation, l'irritabilité nerveuses qui nuiront à l'amélioration morale de l'homme.

Donc cherchez à combattre l'influence de ce vent.

Puis, pour obéir à cet accès de sensibilité, dirigez l'esprit des populations vers le rigorisme. Rejetez tout ce qui parle trop vivement à l'imagination. Des calvinistes et des puritains combattraient avantageusement cette influence du climat. Si vos colons ne peuvent être calvinistes ou puritains, tâchez au moins de les rendre raisonnables et de leur inculquer l'idée du devoir.

Evitez les fêtes publiques trop répétées; car, dérangeant les habitudes de la vie, elles contribuent à rendre votre population dissipée, frivole et immorale.

Le clergé catholique ne devrait point déployer de pompe dans la célébration des offices de l'Eglise ; car cette pompe affecte la sensibilité des populations plus que leur raison, et contribue à rompre l'équilibre normal entre ces facultés. (1)

Tout ce qui est spectacle, tout ce qui est fête, est ordinairement aimé par les populations méridionales. Cela parle à leur sensibilité, cela excite leur fainéantise. Or, la sensibilité et la fainéantise sont des causes de désordre et d'imperfection. Vous devez donc les comprimer.

Chaque fois qu'il y a eu à Alger des fêtes religieuses et surtout des processions sur la voie publique, on a vu augmenter le nombre des accidents, rixes, blessures, suicides, morts accidentelles. Ces cérémonies dérangent les habitudes de la vie, et sont causes d'un désordre moral.

Partout où règne la pompe des cérémonies religieuses, l'enseignement moral est négligé. Aussi le haut clergé catholique, par toute la chrétienté, quand il se couvre d'or et de pierreries, me représente, non pas le prêtre du Christ; mais ces augures romains ; mais les vrais prêtres de Jupiter. Ce sont des païens

---

(1) Le haut clergé de l'Algérie devient fastueux en ses cérémonies. Il cherche un effet théâtral.

qui ont l'esprit de mystification et l'orgueil bien plus développés que l'esprit de religion et de charité.

C'est pourquoi il faut que le culte soit d'une simplicité extrême. Il faut qu'il ne sorte pas du temple qu'il ne soit qu'une affaire de voierie, et qu'on garantisse les hommes de l'exploitation qu'on fait d'eux à l'aide du sentiment religieux. Faites que le culte ne soit point un spectacle public où on va passer le temps.

Il faut que la cérémonie religieuse soit supprimée, ou qu'elle vous rende meilleur en en retournant qu'en y allant.

PRINCIPE DE MAL.— *Le climat, en développant la personnalité, produit des sectes, lesquelles à leur tour occasionnent des états sociaux différents, de là antagonisme entre les hommes, isolement, anti-fraternité!*

C'est pourquoi. bien que tolérant des dogmes, des cultes différents, il faut obtenir unité de lois civiles.

Donc point de législation musulmane, hébraïque ou tout autre. Que chaque secte soit absorbée par la discipline de la loi française. L'Afrique, d'après sa constitution territoriale, isole l'homme et le rend hostile; or, la différence des lois, des coutumes, et des mœurs, vient encore suractiver cette action du territoire.

Les Donalistes favorisèrent les conquêtes des Vandales, et à leur tour les catholiques de l'Afrique favorisèrent la conquête des Byzantins sur les Vandales ariens.

Ici plus qu'ailleurs, ceux qui ne seront pas comme nous, c'est-à-dire, qui ne seront pas rangés sous notre niveau des lois civiles, se tourneront un jour contre nous.

L'islamisme permet à un musulman d'épouser une jeune fille de 11 ans. Le chrétien qui le fait, est puni judiciairement. Or, est-il moral, est-il juste, est-il d'un bon exemple, de tenir en action licite chez l'un, ce qui est faute grave chez l'autre?

La providence nous a appelés en Afrique afin de régénérer ce pays par la morale et l'unité. Notre mandat est donc de détruire toute loi, toute coutume locale qui enfreignent la morale et l'unité.

Donc proposez-vous pour but, unité de lois civiles en tout et partout.

Le grand nombre des cabarets est une cause de démoralisation. C'est pourquoi augmentez la patente des débitants de vins et liqueurs. Ces professions sont peu intéressantes par elles-mêmes. Il vaut mieux, sur une circonscription quelconque, en avoir dix que trente; car vous les surveillerez plus aisément.

Que l'éducation des enfants destinés à vivre en Algérie soit plus scientifique que littéraire. Faites-en des agriculteurs, des physiciens, des chimistes, des architectes et non pas des académiciens et des rhéteurs.

Protégez les arts mécaniques, c'est par eux surtout que l'humanité progresse, que le monde barbare est conquis. Ils sont les fils de la civilisation la plus avancée. Les œuvres d'Homère, de Phidias, de Raphaël et des artistes ensemble de tout l'univers, ont moins perfectionné le genre humain que la vapeur et la boussole où la charrue.

Les éléments qui composent la population de l'Algérie exigent que le châtiment soit employé comme moyen de moralisation. Apprenez donc à le manier d'après les nécessités du pays,

Recourez souvent à l'emprisonnement cellulaire envers les européens méridionaux. Le point vicieux de leur être est un besoin désordonné d'expansion. La prison commune les détériore davantage ; car ils trouvent un sujet d'expansion parmi des camarades. L'isolement, au contraire, les améliore ; car, il refoule leur expansion naturelle, puis il les force à réfléchir.

Employez le bannissement perpétuel contre tous ceux qui seront condamnés à des peines infamantes ; car l'élément moral de la colonie est encore faible. Il faut, par le rejet de mauvais éléments, le préserver des causes de démoralisation.

Si un jour il vous convient de porter un rude coup à la polygamie, proclamez partout où vous aurez une influence directe et puissante, dans les villes par exemple, que la femme qui se déclarera chrétienne ou qui voudra être chrétienne, immédiatement sera soustraite à l'autorité de son mari, ou de ses autres parents et de toute autorité musulmane

Si vous voulez punir les indigènes sans recourir à la peine capitale, employez la déportation au loin, soit dans l'ouest de la France, à Belle-Isle, ou mieux en Océanie. L'incertitude sur le sort des transportés, intimide fortement les Africains; car elle frappe leur imagination.

Implantez en Algérie une population méridionale, les hommes de la race brune ; car ils s'acclimatent facilement et résistent bien au travail ; mais, par contre, gouvernez avec l'esprit de la race blonde, avec l'esprit du nord de la France ; car cet esprit est généralisateur, humanitaire. Il possède les qualités qui permettront de combattre les influences du climat et les penchants des populations dans ce qu'ils ont d'anti-social.

La population flottante qui s'entasse dans les villes est une cause d'insalubrité, de désordre et de démoralisation.

Pour parer à cet inconvénient, déclarez certaines banlieues *ports francs* et rétablissez des octrois dans les villes. Une semblable mesure serait utile ; car on comprend que si la population flottante, qui chaque jour va, par exemple, d'Alger travailler à la campagne, demeurait *extrà-muros*, en certains villages de la banlieue notamment, elle n'aurait pas autant d'occasions de jeter son argent et son temps chez les filles publiques et les débitants.

Implantez en Algérie une population agricole. Elle est plus saine, plus morale, plus guerrière, plus attachée au sol qu'une population urbaine et industrielle ; elle défend mieux la patrie contre les envahisseurs.

Ce qui manque ordinairement aux colonies naissantes, ce sont les substances alimentaires. Ce qui manque aux nouveaux colons, ce sont l'économie et la persévérance. Or, l'agriculture fournit des aliments, forcément vous rend économe et atténue la mobilité du caractère. Un agriculteur n'est jamais un vagabond. Au total, l'agriculture, sous le rapport physique et moral, est un bien inappréciable. Si les gouvernants comprenaient bien leur mission, ils la protégeraient et l'honoreraient plus que la guerre, les arts et l'industrie.

Multipliez les propriétaires du sol. L'amour de la propriété territoriale est un agent d'amélioration. Il entrave cette influence climatérique qui rend ici les hommes pillards et aventuriers.

Opposez-vous aux envahissements des grands propriétaires terriens ; car si un jour des générations entières ne pouvaient obtenir en propriété une parcelle de terre, alors elles pourraient devenir ce que furent les Circoncellions. S'insurgeant contre l'oppression et les propriétaires, les Circoncellions des âges futurs auraient le droit de leur côté.

Inculquez aux colons l'esprit de républicanisme ; car c'est par lui que de simples citoyens ont transformé en bien l'Amérique du nord. C'est par lui que de petits peuples ont résisté à des puissances colossales, à d'innombrables armées, à des troupes régulières et à des généraux habiles.

La Grèce aurait été conquise par la Perse, la Suisse par l'Autriche, la Hollande par Philippe II et Louis XIV, l'Union-Américaine par l'Angleterre, si l'esprit républicain n'eût point existé parmi leur population.

Or, en Algérie, nos jours de combats n'ont point encore disparu. Que nos institutions, que notre esprit mettent les colons à même de résister aux luttes qui viendront.

Que le gouverneur de l'Afrique soit un tribun du peuple, chargé d'implanter la démocratie.

Qu'il visite chaque année les villages et les principaux établissements agricoles ; car, les Français ont besoin d'être encouragés par des paroles flatteuses. On s'occupe du sort du soldat c'est un devoir de se montrer aussi bienveillant envers le colon, qui est un soldat campé.

Considérez les grands propriétaires comme les ennemis de

l'Algérie ; car ils laissent les terres incultes et amènent le dépeuplement.

Placez le droit du travail au-dessus du droit de propriété ; que toute terre mise en culture appartienne à celui qui l'a cultivée.

Frappez d'un impôt progressif les terres incultes.

Que les marais et les cours d'eau soient régis par une législation spéciale.

Enlevez à la propriété le droit d'user et d'abuser.

Qu'elle n'ait plus que le droit d'user sans nuire aux autres.

Occupation générale, colonisation successive et progressive, concentration des efforts colonisateurs sur quelques points donnés.

Que tout Français né en Algérie et qui y aura atteint l'âge de vingt ans, que tout Français immigré qui y aura résidé dix ans, soient exemptés de la conscription militaire.

Que l'Algérie soit une terre d'asile pour les proscrits politiques.

Introduisez-y les déportés politiques. Appelez-y avec entière liberté les différentes victimes des réactions politiques : princes ou simples particuliers.

En cas de guerre avec l'Europe, qu'elle soit déclaré neutre, par droit suprême de civilisation.

Organisation du jury pour délits ou crimes de presse et de politique.

Retraite des employés après vingt-cinq ans de service dans l'administration coloniale. Droits à une retraite proportionnelle après quinze ans.

Méfiez-vous des envahissements du désert et de ses habitants.

Attendez-vous tôt ou tard à voir éclater contre notre occupation des insurrections parties du Moghreb ; car le climat et la race, de tout temps, ont conduit les gens du sud et de l'ouest à se jeter sur le littoral et les régions centrales de l'Algérie.

N'ayez qu'une confiance médiocre dans l'alliance des indigènes ; car, vu leur état social, ils sont portés à nous quitter pour un nouvel allié !

Méfiez-vous surtout de l'alliance arabe ; car le peuple arabe étant éminemment versatile, enthousiaste, fanatique, à la première occasion se tournera contre nous.

Préférez les Kabyles aux Arabes ; car les premiers sont attachés au sol est d'une humeur moins changeante, ils représentent plus d'intérêts réels.

Cherchez, dans le Tell, à transformer la race arabe ; car là, elle est détériorée et peu utile. Sur les hauts plateaux des régions méridionales, maintenez-la au contraire telle qu'elle est ; car elle est spécialement destinée à vivre sur les terres sablonneuses.

Réveillez, chez toutes la race arabe, l'aptitude commerciale innée en elle. L'Arabe est merveilleusement propre à faire le commerce de transit, à travers le Sahara.

Avisez à rouvrir les communications commerciales directes et régulières, entre l'Algérie et le Soudan. Que chaque année une caravane européenne parte de l'Algérie centrale vers Tombouctou.

Supprimez la propriété collective de la tribu. Remplacez-la par la propriété individuelle.

Faites cadastrer le territoire de chaque tribu. Attribuez à chaque famille vingt à vingt-cinq hectares, avec condition de construire, défrichez, plantez un certain nombre d'arbres. De cette façon vous résoudrez la facile répartition de l'impôt, le recourrement facile de l'impôt. Vous pourrez constituer l'état civil et organiser la colonisation indigène. Vous fixerez au sol les populations par les avantages de la propriété individuelle.

Surveillez attentivement l'enseignement qui se fait dans les zaouias. Elles sont une école de fanatisme et d'inimitié contre l'occupation chrétienne.

Ne tolérez point l'existence des confréries religieuses musulmanes ; car tous les individus engagés dans ces confréries s'alimentent de haines contre nous et sont enrégimentés contre nous.

Divisez l'autorité entre les chefs indigènes. Supprimez les Califas, les Bache-Agas, les Agas. N'ayons que des Caïds, de manière à moins redouter une insurrection générale.

Diminuez les intermédiaires entre les gouvernants et les gouvernés, entre nous et les populations qui nous sont soumises.

Il faut travailler à saper l'aristocratie militaire et religieuse des Arabes ; car cette aristocratie nous sera hostile pendant bien longtemps, et sert d'intermédiaire entre nous et le peuple.

Maintenez rigoureusement la solidarité des tribus ; car elle est fondée sur une jurisprudence et une nécessité locales et séculaires.

Ne laissez jamais passer un acte d'agression ou de rébellion sans le punir ; car ces populations ont besoin d'être traitées avec une volonté de fer. Cela atténue leur mobilité naturelle.

Favorisez les croisements entre les européens et les indigènes ; c'est créer des aptitudes civilisatrices plus rapidement que par tout autre procédé.

Je le répète encore, le climat et la race constituent l'homme moral et physique. C'est donc d'après la connaissance de l'un et de l'autre qu'on peut établir les bases d'un gouvernement progressiste ; qu'on doit organiser l'hygiène morale et gouvernementale ; c'est-à-dire un état de ehoses propre à sauvegarder la société et à la faire progreser.

Or, le climat tel qu'il est, exerce une influence pernicieuse sur les populations. Les populations telles qu'elles sont restent stationnaire, hostiles entres elles, antipathiques au progrès. C'est pourquoi il faut obtenir cette double modification sur le climat et l'habitant.

Vous l'obtiendrez en transformant le climat par des plantations d'arbres à haute tige ; en sillonnant le sol de voies de communication, qui mettront les hommes de tous les pays en rapport d'idées, d'intérêts, de sympathies les uns avec les autres. Par cette modification du climat, vous remédiez à la mobilité, à la barbarie africaines. Vous établirez l'unité sociale là où, de temps immémorial, a régné l'antagonisme social. Vous empêcherez la réaction constamment victorieuse de la sauvagerie africaine contre la civilisation soit asiatique, soit européenne.

Ne l'oubliez pas, l'Afrique, livrée a elle-même, devient une une terre maudite.

Les mythes nous apprennent quelle est la patrie des fils de Chanaan.

L'histoire nous prouve que toujours la cruauté, les haines le brigandage, l'anarchie, les sacrifices humains, les vices hideux, le mal sous toutes les formes, y ont trôné en dominateurs, y ont infesté les peuples indigènes et étrangers. L'observation contemporaine montre que la bonne foi, la probité, la dignité du caractère n'y réussissent pas.

La géogénie nous la représente entourée et perpétuellement menacée par un océan de sable. Aucun désert aussi vaste et aussi daugereux n'existe sur les autres contrées de la terre ; plus que tout autre, elle est livrée à l'hydre de la stérélité.

Donc, sous ce triple point de vue, l'Afrique peut être considérée comme frappée d'un antique anathême.

Or, vous la réhabiliterez :

Par une forte organisation du pouvoir social.
Par l'austérité de la morale.
Par le développement de l'individualisme collectif.
Par le travail physique modificateur du sol.
Par l'application des sciences positives.
Et enfin par les institutions démocratiques et sociales.

ANTHROPOLOGIE ET POLITIQUE AFRICAINES

Par droit supérieur de civilisation et droit géographique, l'Afrique comprise entre le Sahara et la Méditerranée, appartient à l'Europe.

Ainsi, l'Algérie et Tunis à la France, le Maroc à l'Espagne, Tripoli à l'Autriche, la Cyrénaïque à la Grèce.

Vu ces droits; vu les droits de conquête, de primogéniture, la France doit être le dictateur de toutes ces régions, si les autres Européens se montrent incapables, ou refusent le rôle de colonisateurs.

Sur l'Afrique ci-saharienne, il faut créer une nation composée de tous les peuples du bassin de la Méditerranée, avec prédominence de l'élément français.

HABITANTS DE L'AFRIQUE

Deux races sont autochthones, les nègres et les berbères. Arabes, Syriens, Européens y furent immigrant. Les blonds ne peuvent s'y acclimater facilement : donc ils ne conviennent pas comme base de population.

Les berbères sont un des plus nobles rejetons du genre humain. Ils ont l'amour de la justice, de l'indépendance individuelle, le respect des droits d'autrui. Ils sont laborieux, économes, intelligents et jamais oppresseurs par prosélytisme religieux. Ils seront utiles à l'Afrique comme bras droit de la colonisation française, et à l'Europe, absorbée par le socialisme populo-centralisateur, en lui infusant l'instinct de l'indépendance individuelle et gouvernementale. Bretons armoricains et berbères, dirigés par la science positive, seront les premiers peuples parmi tous ceux du type brun. Les berbères ont manqués d'unité nationale : voilà pourquoi ils sont effacés par les Arabes, qui leur sont de beaucoup inférieurs, comme outils de progrès.

Les *Arabes* avaient envahi l'Afrique quinze siècles avant Christ. Musulmans, ils y sont revenus au septième siècle après Christ. Ils avaient autrefois formé une partie des éléments des peuples numides et autres Africains possédant plus de cavalerie que d'infanterie ; depuis l'islamisme, ils ont dominé les berbères parce qu'ils avaient l'unité religieuse, parce qu'ils sont cavaliers, qu'ils ont une littérature, un code écrit, qu'ils sont meilleurs fusionistes, mettant plus de faits et d'idées en conctact que les berbères. Comprimés ou absorbés sur les plaines fertiles qu'ils détériorent, ils doivent sur les déserts être les dominateurs exclusifs. Là ils deviendront les colporteurs de la civilisation dans tout le Soudan.

Ils sont les précepteurs naturels du nègre, par l'islamisme. Car le nègre ici est fort mauvais chrétien, mais devient un bon musulman. Les apôtres musulmans conviennent beaucoup mieux à l'organisation physique et morale des nègres, que les apôtres chrétiens. On civilisera le Soudan et même toute race nègre, par le Coran plutôt que par la Bible et l'Evangile.

ICI LA CIVILISATION N'A EU QU'UNE DURÉE PASSAGÈRE. ELLE FUT TOUJOURS DÉTRUITE PAR LA BARBARIE AFRICAINE.

Les Phéniciens ont employé le commerce, l'occupation restreinte ; les Carthaginois, le commerce, l'agriculture, l'occupation étendue ; les Vandales, l'agriculture et la piraterie ; les Espagnols et Portugais, la guerre, l'occupation restreinte. Toutes ces civilisations différentes par l'origine et le temps, celles qui avaient des villes d'un million d'habitants ou qui ont couvert le pays de forteresses, de ponts, d'aqueducs et autres monuments d'utilité publique, toutes polythéistes, chrétiennes, musulmanes, furent absorbées par le Sahara humain et sablonneux.

Or le même fait se reproduira, si la science positive ne triomphe pas de ce destructeur.

Il faut le convertir en prairies par le puits artésien et semis de plantes qui fixent le sable. Créer des oasis et une population fixe. Couvrir les montagnes d'arbres à haute tige, afin de combattre le vent du sud, et les plaines de canaux d'irrigation, de barrage, de rivières, etc.

Tant que cette transformation n'aura pas été réalisée, il adviendra fatalement ce qui suit ;

1° Le barbare africain, attaquera les civilisés.

2° Les attaques physiques et intellectuelles viendront principalement du sud-ouest.

3° L'Africain, attendu la configuration de son sol, est instinctivement mobile, hostile. L'islamisme lui a inculpé plus de haines, plus de combativité, plus de réaction contre l'idée et le fait européen.

4° Plus la civilisation grandira, moins elle se tiendra sur ses gardes, plus elle sera exposée aux invasions des barbares qui convoiteront ses richesses.

5° Si l'Africain n'est pas européisé, il devient forcément le dévorant de la civilisation.

Les musulmans seront bien longtemps les ennemis des chrétiens. Ils seront conspirateurs, prêcheront la guerre sainte, prépareront l'agression à l'aide de leurs confréries religieuses.

De race jaune ou brune, Arabes, Circassiens, Caucassiens, de race mixte quelconque, le musulman disparait comme peuple lorsqu'il est soumis aux chrétiens.

Il peut être aussi bon soldat, commerçant, agriculteur, que le chrétien. Il est son inférieur par l'industrie ; car il n'emploie pas ou peu le travail des femmes, il n'a pas de grands ateliers, conséquemment il doit succomber dans la concurrence industrielle.

Il faut laisser musulmanes, les contrées où l'Européen ne peut pas peupler, telles que l'Egypte, une partie de l'Asie, toute l'Afrique intérieure, et les diriger seulement avec l'esprit européen. Respect à toute civilisation indoue, bouddhiste, chinoise, à l'indigénat, si l'Européen ne peut pas s'y multiplier.

Une nationalité arabe ne peut moralement exister en Afrique ci-saharienne, parce qu'elle est patriarcale, pastorale, et qu'elle est antieuropéenne.

Les nationalités mixtes, telles que les monarchies aglabite, édrissite, almoravide, almohade, qui ont maintenu l'ordre social, ont dû leur existence à l'énergie personnelle d'un souverain ou de son successeur immédiat. Les populations avaient été comprimés par la terreur. C'est la crainte du bourreau et pas autre motif, qui permettait à un enfant de porter une couronne d'or sur la tête, par tout le territoire, sans crainte d'être volé ! (Légende.)

L'expansion des pasteurs fut toujours un malheur humanitaire. Mongols, Arabes, ont devasté l'Afrique, l'Asie et l'Europe.

Le pasteur est nécessairement l'ennemi des populations fixes. Ils ont tous les deux un état social antagoniste. Cela fut dès les premiers âges de l'humanité : cela sera toujours. Il faut pour un pasteur de vingt à quarante hectares, pour un agriculteur il en faut d'un à deux. Donc les progressistes doivent préférer l'état social qui peut multiplier l'espèce humaine et améliorer le sol.

GOUVERNEUR DE L'ALGÉRIE

Tant que l'Algérie n'aura pas quatre millions de français la Tunisie deux millions car il faut absolument que la totalité des autres européens ne dépasse pas celle des français : le gouverneur, le sauveur, l'indispensable est l'épée de *Mars et de Némésis*. Son premier lieutenant est *la pioche*. son deuxième, *l'arbre,* son troisième, *le ballot de marchandise*.

PRÉCEPTEURS PERPÉTUELS DE L'AFRIQUE CI-SAHARIENNE

Châtiment et instruction pour la période de transformation.

Instruction et châtiment pour la période de conservation.
Alors les Européo-ci-Sahariens deviendront un grand peuple.

ARTICLE 1.

Les tribus insurgées sont à la solde de la France, elles passent à l'ennemi avec armes et bagages, elles sont un régiment qui trahit son drapeau et assassine ses officiers. C'est une révolte militaire, d'autant plus grave qu'elle a été pardonnée plusieurs fois et qu'elle s'est répétée. Les tribus sont assassins : elles tuent pour piller, sans déclaration préalable, par conspiration et guet-apens. La France à commis une faute grave contre l'humanité, en ne les punissant pas. Elle a maintenu les habitudes des révoltes et d'assassinats sur la personne des colons, et des soldats isolés.

La mort des insurgés sur le champ de bataille n'atteint qu'un petit nombre de coupables. Il faut une exécution sommaire des chefs, la suppression du nom de la tribu. Les femmes, les enfants, remis à la disposition de l'autorité et traités comme mineurs : tous les biens confisqués, les hommes transportés.

ARTICLE 2.

Toute tribu, aussi bien qu'un particulier ou une famille, a le droit inaliénable d'émigrer où bon lui semble.

ARTICLE 3.

Les Kabyles ont la propriété individuelle. La propriété collective est une nuisance sociale politique. Elle produit la misère, le prolétariat et les concussions aristocratiques.

ARTICLE 4.

Presque tous les chefs veulent l'arrêt de la colonisation. Ils sont par intérêt et passion, les ennemis de la transformation européenne, les rendre puissants, c'est leur fournir des armes contre la civilisation.

ARTICLE 5.

L'administration des tribus sera confiée à des Européens, qui commanderont la force armée, dirigeront la justice, l'instruction des indigènes.

ARTICLE 6.

Sur les hauts plateaux, les tribus arabes conserveront leur organisation sociale, la propriété indivise et collective. Ils restent sujets ou alliés selon la volonté du gouverneur.

ARTICLE 7.

Le gouverneur ne reconnaît aucune supériorité de culte. Il n'assistera à aucune cérémonie religieuse.

ARTICLE 8.

Toute censure, excommunication cléricale quelconque, rendue publique, entraine une pénalité de deux ans à cinq ans d'emprisonnement contre son auteur quel qu'il soit.

ARTICLE 9.

Aucune société religieuse se sera tolérée sans le consentement du gouverneur. L'emprisonnement, l'expulsion seront les peines appliquées aux sociétaires.

ARTICLE 10.

Tout individu condamné pour vol en récidive à une peine infamante par les tribunaux français ou étrangers, sera expulsé ou soumis à la surveillance spéciale du gouverneur.
S'il retourne en Algérie, il sera transporté pour cinq ans.

ARTICLE 11.

Tout capitaine ou chef de bâtiment quelconque qui aura transporté un ou deux individus condamnés ou légalement accusés pour vols, incendies, meurtres, trahison, assassinat, fabrication de fausse monnaie, banqueroute frauduleuse, sera condamné à trois ans d'emprisonnement et son bâtiment confisqué au profit de l'Etat.

Article 12.

Chaque année, il y aura une somme d'argent spécialement consacrée à la saisie des malfaiteurs. Chaque crime ou grave délit spécial sera côté spécialement, comme pour la destruction des animaux malfaisants.

Il sera fait chaque année une statistique criminelle et correctionnelle. Elle sera publiée et un exemplaire sera remis dans chaque greffe des tribunaux civils et militaires, dans les archives des préfectures et sous-préfectures.

Article 13.

Une statistique générale et détaillée de tous les crimes et délits graves, punis par les tribunaux militaires, civils ou commission mixte, depuis 1830 jusqu'à nos jours, sera publiée et déposée comme il l'est indiqué ci-dessus.

Article 14.

Le gouverneur, en cas d'incendies allumés par conspiration ou réunion, établira une cour prévôtale qui condamnera et exécutera à mort les coupables dans les vingt-quatre heures au plus tard après le jugement, ou séance tenante, si la Cour le trouve préférable.

Article 15.

Tout immigrant condamné par les tribunaux étrangers fera connaître son jugement au chef de l'autorité civile ou militaire près de laquelle il demeure. S'il ne le fait pas un mois au plus tard après son arrivée, il sera condamné à trois mois d'emprisonnement, puis expulsé à ses frais de l'Algérie.

LES MALFAITEURS ROIS DE L'ÉPOQUE.

Le pire d'entre-eux trouve toujours, juge pour le traiter avec indulgence, avocat pour le vanter, poëte pour le plaindre, partisan pour l'approuver.

Depuis les premiers âges, les sévérités des lois religieuses et civiles ont frappé des innocents, sorciers, dissidents religieux etc, ont honoré des gens qui avaient violé ce précepte de morale universelle. « Fait à autrui ce que tu veux qu'on te fasse, ne fais à autrui ce que tu ne voudrais pas qu'on te fit » quelques-uns devinrent saints, comme les inquisiteurs de toute religion.

Or s'il y a saints, ce sont ceux du positivisme inventeurs, d'un outil, d'une méthode, introducteur d'une plante, d'un animal utile, constituant un bien être de plus, une peine de moins pour le genre humain les *Bollandistes*, depuis le Xe siècle ont découvert 32,000 saints catholiques, publié 52 volumes in-folio, sur leur vie, immense travail à peu près inutile, que les libres penseurs publient la vie des saints réels, marins, voyageurs quelconques, mécaniciens utilitaires, depuis triptolême juqu'aux découvreurs de l'électricité.

COMMENT TRAITER LES INSURGÉS CONTRE LE GOUVERNEMENT NATIONAL ?

Dans les villes surtout par une repression militaire point de tribunaux pas d'exil, poudre et acier seulement pendant une courte période après le combat vous dites *paix*.

Recommencez nous feront de même.

L'ÉTAT ET LA RELIGION

Supprimer tout salaire national ne reconnaître aucun titre religieux les adhérents d'un culte se disciplinent eux-mêmes.

L'état leur donne égalité complète.

La France doit payer millionnaires et prêtre catholiques, car le catholicisme nuisible comme religion d'état en France est utile aux pays barbares, ses agents sont les meilleurs de la catholicité, étant plus dévoué, plus chastes, plus probes, songeant moins à leur marmite.

Trappistes en France, en Afrique et partout le monde, ne seront pas trop nombreux, s'ils étaient 100.000, car ils consomment 50 centimes par jour, et produisent 2 francs 50 bénéfice, net 2 francs en matière certaine palpable.

Mais coup de balai aux dominicains et jésuites, comme inventeur, de l'inquisition, la plus cruelle des inventions humaines.

Les autorités maritimes ont mieux jugé les nécessités de l'Algérie que les pouvoirs de l'armée de terre, ponts et chaussées, généraux, forestiers, organisateurs de villages.

L'amiral de Gueydon, en appliquant le sequestre aux tribus insurgées de 1871 a créé la vraie, la seule politique rationnelle qui doit réprimer les insurrections toujours renaissantes : Il a plus fait que tous les Gouverneurs, Généraux, militaires ou civils ensemble.

L'amiral Mouchez en indiquant la manière de faire les Ports de leur donner la sécurité contre la mer, d'organiser sur le littoral une population de pêcheurs, de colons, de transporteurs, a rendu un très grand service.

Les autorités de terre, sont trop en contact avec l'élément purement africain, elles se laissent absorber par lui.

Un amiral est essentiellement un savant positif : il est moins sujet aux erreurs du jugement.

POST-SCRIPTUM. — Dis ce que tu pense, écris ce que tu dis, publie ce que tu écris, repète aux enfants ce que tu a préché aux pères, convaincu d'une vérité, prouve la sans cesse, jusqu'à satiété.

Autant que possible sois bref comme les articles d'un code, dédaigne la popularité et l'impopularité, obéis à ta conscience si tu émet une opinion dont tu n'est convaincu après mûre reflexion tu es un malhonnête homme.

L'auteur venu en 1836, pour assister à la naissance d'un grand peuple qui par science positive, croisements de race humaine, triomphera de l'Afrique, invincible depuis des milliers d'années ses opinions depuis 1844 ont pénétré en lui comme des harpons plus il les secoue voulant la faire tomber, plus ils entrent.

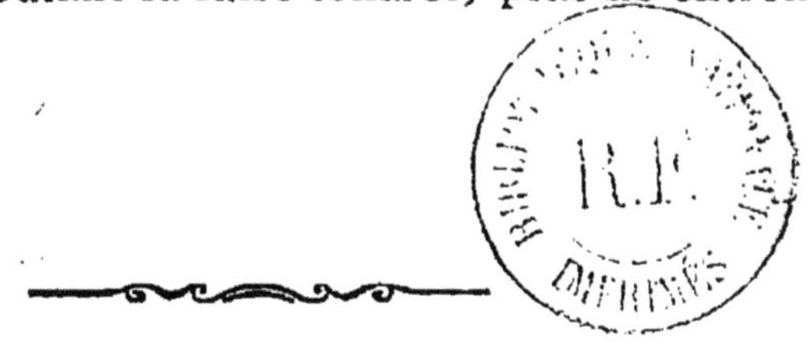

www.ingramcontent.com/pod-product-compliance
Ingram Content Group UK Ltd.
Pitfield, Milton Keynes, MK11 3LW, UK
UKHW020405250726
13967UKWH00005B/2477